DISCOURS

PRONONCÉS

AUX FUNÉRAILLES

DE

M. PAUL LEHR

NÉ LE 25 AOUT 1787

MORT LE 24 OCTOBRE 1865

STRASBOURG

IMPRIMERIE DE VEUVE BERGER-LEVRAULT

1865

DISCOURS

PRONONCÉS

AUX FUNÉRAILLES

DE

M. PAUL LEHR

NÉ LE 28 AOUT 1787

MORT LE 24 OCTOBRE 1865

STRASBOURG

IMPRIMERIE DE VEUVE BERGER-LEVRAULT

1865

Leichenrede

des Herrn Schaller, Pfarrer zu St. Nicolai.

——✦✧✦——

Paul Lehr

als Mensch und als Christ.

———

Des Menschen Leben währet siebenzig Jahre, und wenn es hoch kommt, so sind es achtzig Jahre, und, so fährt der heilige Sänger fort, wenn es köstlich gewesen ist, so ist es Mühe und Arbeit gewesen; denn es fährt schnell dahin, als flögen wir davon. Auch heute werden wir wieder recht lebhaft an diese Wahrheit der Schrift, an diese Thatsache der Erfahrung, an dieses Gottesgesetz der Ungewißheit, der Flüchtigkeit und Nichtigkeit aller menschlichen Dinge erinnert; aber auch heute ist unsere Brust und unser Herz, so wie diesem Gotteswort, so auch allen Tröstungen und Verheißungen Jesu Christi geöffnet, desjenigen, welcher die irdische Flüchtigkeit und Nichtigkeit ausgleicht durch die unaussprechliche Gewißheit des ewigen seligen Lebens; desjenigen, welcher dem Tode die Macht genommen, und Leben und unvergängliches Wesen an's Licht gebracht hat durch sein Evangelium

Indem wir, im Lichte dieses Evangeliums froh und dankbar nach oben blicken, gereicht es uns auch zur Freude und zum Trost dankbar zurückzuschauen auf das Leben eines theuern Bruders, auf ein ab= geschlossenes thatenreiches Leben, auf einen Pilgergang an dem die

Gnade Gottes sich so lange Zeit, auf so mannigfache Weise und in so reichlichem Maße verherrlicht hat.

Unser verewigter Mitbruder, Herr Paul Lehr, einer alten und geachteten Familie Mülhausens entsprossen, erblickte das Licht dieser Welt im Jahre 1787, den 28sten August. Seine Eltern waren weil. Johann Lehr, Eigenthümer in besagtem Mülhausen, und weil. Judith Huguenin, die jedoch beide, nach Gottes verborgenem Rathschluß, von dieser Erde abgerufen wurden, als der Sohn noch im zarten Kindesalter stand. Des verwaisten Knaben nahmen sich jedoch edelgesinnte Seelen, besonders zwei Oheime an, die ihm die früh entbehrte Elterntreue reichlich ersetzten, und deren richtiger Einsicht, deren Biederkeit und warmer Liebe unser Freund jenen früh entwickelten Sinn für Rechtlichkeit und Gewissenhaftigkeit, jene unausgesetzte Thätigkeit und jenes treue Haushalten mit den mannigfachen ihm anvertrauten Pfunden verdankte, in den verschiedensten Lagen und Verhältnissen seines Lebens. Seine erste Jugendzeit verlebte er größtentheils in Colmar, wo er des Unterrichts des Herrn Berger, des Tochtermanns von Conrad Pfeffel, und im Hause des Dichters selbst genoß. Dort verbrachte er, wie er uns in der Vorrede zur zweiten Ausgabe seiner französischen Uebersetzung von Pfeffels Gedichten sagt, drei der schönsten Jahre seines Lebens. In Bordeaux sammelte er die nöthigen Fachkenntnisse für seinen späteren Beruf, und ein längerer Aufenthalt in Paris gab seinem Geiste jene vielseitige Ausbildung, wodurch er sich später in den verschiedensten Richtungen der menschlichen Thätigkeit einheimisch fühlen und seinen Verkehr so anziehend machen sollte, gleichviel welche Saiten des innern oder des äußern Lebens angeschlagen wurden.

Die Stadt St. Dié jedoch ist es, welche am längsten der Schauplatz seines Wirkens war. An diesem Orte, wo er die Leitung

eines industriellen Geschäftes übernahm, bethätigte er zu gleicher
Zeit nach den verschiedensten Seiten hin seinen Trieb zu nützen,
seinen Gemeingeist und seine anerkannte Tüchtigkeit. Davon zeugt
das Zutrauen womit ihn seine Mitbürger beehrten, indem sie ihm,
dem kaum erst dem Jünglingsalter Entwachsenen, in einer schwer
und tief bewegten Zeit (1814) mit dem Amte eines Mairie-Ad-
junkten, die Stadtinteressen anvertrauten. Bald hatte er seine Stelle
in allen höheren und höchsten Verwaltungen, und legte seine früh
reifen Erfahrungen nieder in den Schooß der Spital-Commission,
der Commission consultative des manufactures et du com-
merce, und des Generalraths des Wasgau-Departements. Nicht
minder thätig sehen wir, in jener Epoche seines Lebens, unsern
Freund auf zwei andern Gebieten, dem der kirchlichen Interessen,
denn er war ein Christ und schämte sich des Evangeliums von Jesu
Christo nicht, und dem der Wissenschaft und schönen Literatur. Sein
Andenken wird dem Häuflein unserer evangelischen Glaubensge-
nossen von St. Dié theuer und unvergeßlich bleiben. Ihre Ver-
einigung mit den zerstreut lebenden Brüdern in der Umgegend zu
gemeinschaftlicher Erbauung, ihre provisorische Constituirung und
definitive Anerkennung als Kirchengemeinde von Seiten der Re-
gierung war hauptsächlich sein Werk, und wird, so lange jene Ge-
meinde dauert, ein dauerndes Denkmal seiner Christenliebe sein.
So war es gleichfalls zu jener Zeit, daß unser Freund anfing auf
eine ernstlichere Weise die schöne Litteratur in den Kreis seiner
vielseitigen Beschäftigungen zu ziehen, und den Grund zu einer
geistigen Arbeit zu legen, wodurch er dem Manne ein Denkmal
errichtete, für welchen er eine so innige Verehrung hatte, und den
zu verstehen und zu würdigen, vielleicht Niemand besser als er im
Stande war, wir reden von unserm vaterländischen Sänger des
Oberrheins, von Conrad Pfeffel, welcher eine Krone des Ruhms

unseres alsatischen Heimathlandes und der Stadt Colmar in's be=
sondere war.

Wir haben schon weiter oben darauf hingewiesen, daß er im
Hause und im Umgang mit dem Dichter die erste Anregung empfing
auch auf diesem edeln Felde des Schönen zu suchen, zu forschen, auf=
zunehmen und wiederzugeben, was an sein Herz schlug und wofür
sein Herz schlug bis zu seinem späten Lebensabend. Es schlug be=
sonders für den ehrwürdigen blinden Barden, dessen treffliche, oft
echt fromme und allzeit geistreiche Gedichte Pfeffels Verehrer allen
Freunden des Schönen und Wahren und Guten unseres Landes in
der glücklich gehandhabten Nationalsprache zugänglich machte.

Habe ich, Verehrteste, bis dahin nichts weiter gethan, als dem
Andenken unseres Bruders gerecht zu werden, ohne die Grenzen zu
überschreiten, die mir durch die Erinnerung an des Verewigten Be=
scheidenheit und Demuth sind gesteckt worden, so fühle ich in viel
reichlicherem Maaße die Pflicht diesen Bedenken und der Macht der
zartesten Rücksichten Rechnung zu tragen, indem ich noch andere
Verhältnisse berühre, in welchen er euch, und in welchen ihr ihm
nahe tratet, während seines bald dreißigjährigen Aufenthaltes in
unserer Stadt. Ist es doch nicht an mir euch von dem Familien=
leben und von dem Familienglück zu reden, dessen Mittelpunkt der
Verewigte war. Soll ich ja ein Wort beifügen, so ist es nur um
derjenigen, die ihm während dreiundfünfzig Jahren als treu be=
währte Lebensgefährtin zur Seite stand, nämlich unserer Schwester,
Wilhelmine Lauth die Hand zu reichen, in meinem und euerem
Namen; um ihr und den Kindern, heute und früher ihre Wonne
und ihr bester Reichthum, Glück zu wünschen zu den schönen und
lohnenden Erinnerungen, welche eine Brücke zu einer schönen einst
gemeinschaftlichen Vergangenheit bauen, indem ich ihnen aber be=
sonders Glück wünsche zum Glauben in ihrem Herzen, zum leben=

digen, auf Christi Tod und Auferstehen, auf Christi Liebeswerk und
Versöhnungswerk gegründeten Glauben, der ja eine Brücke bildet
zu einer schönen gemeinschaftlichen Zukunft, zur getheilten Seligkeit
im Heimathland.

Theuer wird ihnen die Erinnerung sein an den Freudenschimmer,
welcher vor drei Jahren des Greises Lebensabend erheiterte, als er,
umringt von all' seinen Lieben, sein goldenes Jubelfest und des
ersten Enkelkindes Christenweihe feiern durfte. Unvergeßlich die
Stunde, wo er, ohne vorhergehenden schweren Kampf, die irdische
Hülle abstreifen und dem Ruf von oben folgen durfte. Unvergeßlich
die recht sichtbar gewordene Gnade Gottes, durch deren Kraft der
Sohn und Bruder seinen heiligsten Kindespflichten und den, unter
diesen Umständen so schweren und immer ernsten Amtspflichten zu
genügen den Muth und die erforderliche Geistesstärkung fand, und
wodurch die Verwaisten alle, den Blick und das Herz zum Vater
des Lichts und zum Fürsten des Lebens erheben, und dankbar
gläubig ausrufen konnten: Wohl ihm! Er schaut was er geglaubt
hat! Wohl uns, wir glauben, bis auch wir einst zum Schauen ge=
langen werden! Der Herr hat Alles wohl gemacht! Gebt unserm
Gott die Ehre. —

Unser vollendeter Freund streifte das Gewand der Sterblichkeit
ab, vorgestern den 24sten Oktober 1865, nach einem vollbrachten
Pilgerlauf von 78 Jahren und 2 Monaten, weniger 4 Tagen. —
Und nun, meine Brüder, nach dem Menschenwort noch das
Gotteswort! Wir lesen's im 1 B. Mos. 24, 56. Der Herr wolle
seine Betrachtung reichlich segnen an unser Aller unsterblichen
Seelen, um Jesu Christi seines Sohnes willen. Amen.

Haltet mich nicht auf, denn der Herr hat Gnade zu meiner Reise gegeben. Lasset mich, daß ich zu meinem Herrn ziehe. 1 Mos. 24, 56.

Verehrteste Trauerversammlung!

Haltet mich nicht auf, so lautet der Anfang der Worte, die wir soeben im Buche der Bücher gelesen haben, und auf welche wir nur noch in Kürze unsere Aufmerksamkeit richten wollen, mit dem ernstlichen Flehen zu Gott, daß er sie in unser Herz schreibe, daß er sie für uns alle zu Trost und Lehre, zu Kraft und Leben werden lasse. —

Haltet mich nicht auf, denn der Herr hat Gnade zu meiner Reise gegeben! Nicht der theure Vollendete ruft uns dieses Wort zu; es hat's einer gesprochen, der schon vor Jahrtausenden ist gesammelt worden zu seinen Vätern, nebst denen welchen er dieses Wort zurief. Aber wäre es ihm vergönnt, demjenigen den wir beweinen, und den der Herr gesättiget hat mit vielen Jahren, und an dem er so sichtbar und so reichlich sich verherrlicht hat durch die mannigfachsten Gaben und Gnadenerweisungen, o er hätte keine andere Sprache, und er wüßte, wenn er sein ganzes Leben überblickte, von nichts anderem und von nichts besserem zu sagen als von dieser Gnade die auch in seiner Schwachheit ist mächtig geworden[1], und von welcher wir mit dankerfülltem Herzen singen, während unsrer irdischen Pilgerfahrt:

> Gott, deine Gnad' ist unser Leben,
> Sie schafft uns Heil und Seelenruh';
> Dein ist's die Sünden zu vergeben,
> Und willig ist dein Herz dazu.

---

1. 2 Cor. 12, 9.

Aber wenn er diese Gnade Gottes nicht mehr vor uns und mit uns erheben kann, so fordert uns diese Trennungsstunde um so lauter und dringender auf, dieselbige mit dem Gedanken an das was der Vollendete für uns, was Gott für ihn, und auch für uns war, mit warmem Herzen zu preisen.

Seine Reise ist vollendet; wir aber sind noch auf dem Wege zur himmlischen Heimath begriffen, und keine bessere Gewähr das ferne oder vielleicht sehr nahe Ziel zu erreichen, als wenn wir beides, sowohl die Wallfahrt als auch ihr Ende im Lichte des Gotteswortes, unseres theuern Evangeliums betrachten. Das Denken an den Tod fördert in der Lebenskunst. Kämpfen wir gegen die Sünde, die den Tod in die Welt gebracht, denn dieses Kampfes Preis ist das ewige Leben durch unsern Herrn Jesum Christum, welcher dem Tod die Macht genommen, und Leben und unvergängliches Wesen an das Licht gebracht hat durch sein Evangelium[1].

Ja, Theuerste, wir haben hier keine bleibende Statt, sondern die zukünftige suchen wir[2], so stehts geschrieben im Briefe an die Hebräer, so lesen wir auf dem großen Leichenacker den man die Erde nennt, und wo sich die Gräber als eben so viele Buchstaben an einander reihen, so lautet eine Handschrift, und ein großer Schuldbrief, auf welchen die Namen aller die geboren werden, eingetragen werden, die Namen der Hohen und der Niedern, der Weisen und der Ungelehrten, der Greise und der Kinder, der Fröhlichen und der Traurigen, der Frommen und der ...... Geliebte, ich wollte noch ein Wort, noch eine Bezeichnung beifügen, und ich muß es beifügen, sogar bei einer Veranlassung wie die gegenwärtige, sogar Angesicht's der uns alle erwartenden Ewigkeit, ein Wort das eigentlich gar keinen Sinn haben sollte, das einen Wi-

---

1. Timoth. 1, 10. — 2. Hebr. 13, 14.

derspruch, eine reine Unmöglichkeit ausdrücken sollte, und das doch nur zu oft zur Möglichkeit wird, und zur Wirklichkeit wird, durch der Welt Betrug und der armen Erdensöhne Verblendung. — Ja, auf jenem Schuldbrief steht, so wie der Frommen, so auch der Gottlosen Namen verzeichnet.

Weiß doch ein jeder Mensch, und muß es doch die Zunge eines jeden bekennen: Alles ist von Gott und durch Gott! der Himmel und die Erde sind Gottes, der sie in's Dasein gerufen hat. Der Leib und der Geist sind Gottes, der den einen wunderbar bereitet, und den andern mit mannigfachen Kräften ausgerüstet hat. Unsere Geburt, unser Leben ist Gottes, der Stunde und Dauer bestimmt hat, und der Tod ist Gottes, der ihm Macht gegeben hat über alles Fleisch. Gottes ist jeder Athemzug, jede frohe Erregung, jede süße Hoffnung in unsrer Brust, jeder Gedanke an die zukünftige Heimath, unsere Berufung, unsere Erleuchtung, unsere Beseligung durch Jesum Christum seinen Sohn..... und der Sohn des Staubes ist im Stande überm Jagen nach den zeitlichen Gütern den Gedanken an die bleibenden Güter aus den Augen zu verlieren, den Dank gegen den Urheber von beiden zu ersticken, und so, was seinen innern wahren Seelenzustand anbelangt, ohne Gott und ohne Hoffnung der ernsten Ewigkeit entgegenzugehn, oder doch durch Nichtigkeiten sich aufhalten zu lassen, wo sich's darum handelt die Seligkeit zu gewinnen!

O daß doch auf jenem großen Schuldbriefe auf dem auch unser Name geschrieben steht, dieser unser Name auf der Seite derjenigen möchte geschrieben sein, die da sprechen: Haltet mich nicht auf! O daß auch die gegenwärtige Feier mit ihrem Ernste, mit den frommen Eindrücken die wir empfangen, und den heiligen Entschließungen die wir gefaßt haben, an uns allen also gesegnet sein möchte, daß wir der Welt und ihrem trügerischen Schein, daß wir dem

Leben und seinen unvermeidlichen Bürden, daß wir der Feindschaft
der Menschen, wo sie unserer Feindesliebe, und der Freundschaft der
Menschen, wo sie unserer Demuth und Gottesliebe hinderlich wer=
den könnten, in's Auge schauen, und mit nach oben gewandtem
Blicke ausrufen können: Haltet mich nicht auf, denn der
Herr hat Gnade zu meiner Reise gegeben.

Freilich wäre dem Menschen, um die Reise in's selige Heimath=
land glücklich zu vollenden, weiter nichts gegeben als die Gewißheit,
einmal daß er hier keine bleibende Statt habe, und sodann, daß er
die zukünftige vermöge seines eigenen Lichts und seiner eigenen
Kraft zu suchen, sie auf dem Wege der Kämpfe und Entsagungen
zu erstreben, und durch seine eigene Tüchtigkeit und Würdigkeit zu
verdienen habe, wer wäre mehr zu beklagen als der arme Erden=
pilger, gehörte er auch zu den besten unter den Menschenkindern.

Aber so ist es, Dank der ewigen Liebe, nicht mit uns bestellt!
So auf's Ungewisse pilgern wir nicht zur Heimath; so rathlos und
hülflos ist der Christ, das Gotteskind nicht auf seinem Wege. Tra=
gen auch die Schläge und die Noth Sorge dafür, daß wir uns oft
wie in der Fremde fühlen, so hat die ewige Liebe nicht minder
Sorge dafür getragen, daß sich die Seele schon jetzt heimisch fühle
im Vaterhause, durch die Ströme von Licht, von Trost und von
Kraft, die des Gläubigen Seele wie übergießen. Ist unser Weg
noch oft, ach! selbst bis zu des Lebens Neige, durch manchen Fall
und Auferstehn bezeichnet, und bangt der Seele, beim Gedanken an
so manche Thorheit die wir nicht gescheut, an so manche Sünde die
wir nicht bereut, und an das Licht in das wir einst sollen gestellt
werden vor dem gerechten und heiligen Gott, so weicht doch alles
Bangen vor dem gläubigen Aufschauen auf den der unsre Schuld
getilgt hat, der unser Friede ist, und zu dessen Seite jeder Pilger sich
getrosten Muthes zurufen kann:

Ich, auch ich kann zu dem Vater gehn;
Zwar ich seh', wie eine Scheidewand,
Zwischen Ihm und mir die Sünde stehn.
Doch auch mir reicht liebevoll die Hand
Mein Erlöser! Hebt mich voll Erbarmen
Auf zu Gott, mit seinen Liebesarmen.
Er der diese Scheidewand zerschlug
Und als Mittler meine Sünde trug.

Das ist Gnade, meine Theuersten! Ja der Herr hat allen Gnade auf die Reise mitgegeben: Christus ist nöthig, damit uns die Leiden heilsam werden auf dem Wege in die Ewigkeit, so wie die Leiden nöthig sind, damit uns Christus heilsam und unentbehrlich werde als Führer zur seligen Heimath!

O daß er jetzt schon alles für uns würde! O daß er in unser aller Herz jenen heiligen Zug legte, den er uns, auf die Tage wo er von der Erde würde erhöht sein, verheißen hat[1], und wir mit dem großen Kämpfer für evangelische Wahrheit sprechen könnten: Le = ben wir, so leben wir dem Herrn; sterben wir, so sterben wir dem Herrn[2]; Selig alle, denen vor ihrer Auflösung jenes Gefühl nicht fremd geblieben ist, wodurch Paulus zu den Philip= pern sagte: Ich habe Lust abzuscheiden und bei meinem Herrn zu sein[3].

Solches fühlte auch, wenn gleich in einem andern Sinne der Mann, dessen Worte uns in dieser Stunde beschäftigen, als er nach glücklich vollendetem Auftrage sprach: Lasset mich, daß ich zu meinem Herrn ziehe! Es war also kein irdisches Heimweh das seine Brust erfüllte, kein Zug der im Vergänglichen seinen An= knüpfungspunkt oder im untergeordneten persönlichen Interesse seinen Mittelpunkt fand, dem dieser Mann, dieses Vorbild der Dienertreue folgte. Nicht die heimathliche Flur im Gewand der

1. Joh. 12, 32. — 2. Röm. 14, 8. — 3. Phil. 1, 23.

lieblichsten Erinnerungen; nicht sein Heerd, nicht seine Hütte, nicht einmal die erlaubte Sehnsucht nach Weib und Kindern, dem Weinstock um das Haus herum, und den Oelzweigen um seinen Tisch her[1]; nicht die lange entbehrte Ruhe unterm Schatten des Feigenbaums, oder der Verkehr mit gleichgesinnten und die Labe der Freundschaft, ... ist es was ihm vorschwebte, was sein Herz erfüllte, was ihn in die Ferne zog; es war sein Herr, dem er Treue gelobt, und dem er Treue gehalten hatte. Lasset mich, daß ich zu meinem Herrn ziehe!

Wohl Allen, die einen solchen Zug zu ihrem himmlischen Herrn verspüren in ihrem Herzen! Nur durch eine lebensvolle Verbindung mit ihm, deinem Versöhner mit Gott, bist du auch versöhnt mit dem Erdenleben und seinen wechselnden Geschicken. Nur durch lebendigen Glauben an ihn, und durch innige Liebe, Dankbarkeit und Verehrung sein eigen, kannst du sprechen: Christus ist mein Leben, Sterben ist mein Gewinn[2]; nur so trägest du schon hier den Himmel in deiner Brust, den Er dir durch seine Gerechtigkeit, durch seinen Gehorsam, durch seine Liebe bis in den Tod erworben hat; nur so lernst du dich losreißen von jenem eingebildeten Himmel, von jenem Nebelland des Scheinglücks, das du mit deinen Träumen und Selbsttäuschungen bevölkerst, und an dessen Eingang du nicht des Engels gewahr wirst mit dem flammenden Schwert!

Und weil der Herr auch heute wieder, durch den Trauerflor der unser Auge umgibt, unserm Geiste einen frohen Blick in die seligen Räume des Lichtes gewährt, und uns auch in dieser Stunde gerechter Trauer und Wehmuth ja gerade durch diese Trauer und Wehmuth, die er durch Wort und Verheißung geheiliget hat, auf's neue Gnade schenkt, so laßt uns dieselbige gebrauchen, indem wir als Nachfolger

---

1. Psalm 128, 3. — 2. Phil. 1, 21.

des Gottesmannes, ja als Nachfolger des Gottessohnes, zum Leben und seinen vielgestaltigen Ansprüchen, zum irdischen Ruhm und seiner verlockenden Macht, zu den Erdenleiden und ihrem Bangen, zu den schmerzlichsten Erinnerungen und den süßesten Hoffnungen, zu den Wemuthsthränen und zu den Freudenthränen, indem wir zu der Welt und zu dem was in der Welt ist, sprechen: Haltet mich nicht auf, denn der Herr hat Gnade zu meiner Reise gegeben. Lasset mich, daß ich zu meinem Herrn ziehe! Amen.

PAROLES

PRONONCÉES

PAR M. J.-H. SCHNITZLER.

> Pour moi, déjà tout m'avertit
> Du déclin de ma vie,
> Et du ciel une voix me dit :
> « Viens, rejoins ta patrie ! »

MESSIEURS,

L'ami que nous pleurons avait sans doute sur ses lèvres en mourant cette strophe que j'extrais de sa traduction des *Poésies de Pfeffel*. Quel hommage plus digne de lui, plus réjouissant pour son cœur, pourrions-nous, s'il plane ici au-dessus de nous, rendre à M. Paul Lehr, que d'évoquer et d'honorer le souvenir de notre éminent poëte alsacien, du philosophe ami de l'humanité, qui, après avoir abrité sous son toit, pendant trois ans, la jeunesse de notre ami, resta, jusqu'à la fin de ses jours, l'objet de son culte et de ses méditations ? Les longs loisirs que d'autres auraient voués, au milieu d'une famille chérie et si digne de l'être, aux plaisirs, à des distractions aussi faciles que légitimes, à la poursuite des honneurs civiques peut-être, dont aucun sans doute n'eût été au-dessus de son mérite. M. Paul Lehr les consacra avec amour au cygne rhénan, à glorifier Pfeffel, et à faire passer dans la langue de notre patrie d'adoption cette philosophie pratique, si douce, si imprégnée de bon sens, que le poëte de Colmar, dont toute l'Alsace s'honore, a su rendre, par de beaux vers, dans notre langue traditionnelle, qui est la langue de Klopstock, de Schiller et de Gœthe.

Le volume qui contient ces poésies, et que la France littéraire n'a point désavoué, était le principal souci, la plus constante préoccupation des vieux jours de notre ami. Non pour lui-même, car il parlait avec une modestie extrême de son travail, pourtant remarquable aux yeux de quiconque sait quelle réunion de qualités est exigée d'un traducteur, s'il veut faire revivre un poëte dans une autre langue, en français surtout, et sous une forme à laquelle ce poëte n'ait rien à perdre; non pour lui, je le répète, mais pour cet idéal de son jeune âge, qu'il aimait, qu'il tenait à faire aimer, et que nous avons vu avec plaisir, nous vieux enfants de l'Alsace, devenir, grâce à lui, abordable à nos compatriotes d'au delà des Vosges. „Courage, disait M. Paul Lehr aux lecteurs auxquels il adressait son livre, courage, cher Lecteur! Lisez en faisant deux parts de vos observations : que celle des éloges soit pour Pfeffel, celle de la critique pour le traducteur. Je vous livre le fruit de loisirs consciencieux :

« Voilà tout mon talent : je ne sais s'il suffit. »

Dans un morceau d'introduction placé en tête du premier choix de fables, depuis enrichi d'année en année, il s'agit d'une dame qui dédaigne les fleurs et les bouquets, par la raison que, dès le soir, on les verra se faner sans retour, et le fabuliste met dans la bouche de la marchande qui espérait lui en vendre, ces vers pleins à la fois de modestie et de bon sens :

> Madame, permettez ! vous êtes trop sévère.
> Je n'abuse en rien l'acheteur :
> En offrant mes fleurs les plus belles,
> Je ne les dis pas immortelles.
> De mes écrits je pense autant, lecteur.

Après avoir traduit ces vers, le digne interprète de notre aimable moraliste laisse éclater son amour et son enthousiasme. Saisissant, pour son propre compte, la harpe inspirée, et faisant entendre des accents sortis du fond de son cœur à lui, il dit :

> Quelle simplicité ! quel modeste langage !
> Non, Pfeffel, non, tes fleurs ne sauraient se flétrir
> Sur le fleuve du temps, ta corbeille surnage. —
> Puisse un Alsacien, plein de ton souvenir,
> Payer à ta mémoire une honorable dette.....
> Malgré le sort cruel qui te voila les cieux,
> Grâce à tes souvenirs, tu retrouvas des yeux.
> Nulle couleur ne manque à ta palette,
> Et tes tableaux sont vrais, riches et gracieux.

L'effusion du traducteur, profondément épris de son modèle, ne s'arrête pas là; mais les moments sont comptés dans cette assemblée, et vous aimerez, Messieurs, à relire jusqu'au bout, j'en suis sûr, tout ce petit panégyrique, placé à l'endroit le plus approprié.

M. Paul Lehr avait assez d'élévation dans l'esprit, assez de philosophie et d'enjouement, assez d'imagination, pour se passer du soutien que prête à un traducteur le riche fonds de son original. Ses *Essais poétiques* en font foi. Cependant Pfeffel était pour lui un aimant qui ne cessait de l'attirer. Rendre un morceau plus achevé, l'embellir d'un trait de plus, d'un trait plus exact surtout, assurer ainsi plus infailliblement le succès du fabuliste alsacien parmi les compatriotes de Lafontaine, l'entourer de gloire au delà comme en deçà des Vosges, c'était pour lui un devoir, une mission, dont aucune prétention personnelle ne le détournait.

Aussi Pfeffel et Paul Lehr, ces deux noms sont désormais inséparables en France; la mémoire de l'un, que nous révérons, ne laissera pas s'effacer en nous la mémoire de l'autre, pas plus que le souvenir de ses vertus, de sa vie patriarcale au sein d'une excellente famille, de sa fidélité comme ami, de sa loyauté comme homme, de son incorruptible attachement aux principes comme citoyen.

Oui, ces souvenirs, nous y resterons attachés, cher parent et voisin. Ils ont sûrement adouci pour toi le moment suprême et expliquent le calme parfait avec lequel tu es entré dans l'éternité. Ton poëte chéri nous avait d'avance expliqué le fait, et en t'adressant un dernier et douloureux adieu, qu'il me soit permis de rappeler encore trois ou quatre de ses vers, de vos vers à tous deux, qui ont dû être pour vous, au soir de la vie, comme un dernier et bienfaisant rayon de soleil. A ce moment, aucun spectre effrayant ne lui apparaissait, ne t'apparaissait à toi-même, cher défunt; non, mais..., je te cède la parole :

> Mais devant moi se lève un ange qui me charme.
> Il est resplendissant de lumière et d'azur ;
> Le bienfaisant pavot couronne son front pur,
> Et sa main tient la clef de la porte céleste.